AF264057

27
In 1614.

NOTICE

BIOGRAPHIQUE

SUR

LE CHEVALIER A. P.

La calomnie honore en croyant qu'elle outrage.

CHÉNIER.

PARIS.

NOVEMBRE 1819.

NOTICE

BIOGRAPHIQUE

SUR

LE CHEVALIER A. P.

———

Aprés avoir épuisé la coupe de l'adversité, et voulant me rendre compte à moi-même, si, par ma conduite privée et politique, j'avais pu mériter tant de rigueur de la part du sort, j'ai hasardé l'esquisse de ma vie, et je la livre à l'homme de bien; chez lui j'espère rencontrer de l'indulgence: le méchant seul est inexorable; aussi, n'est-ce pas pour lui que j'écris : que me fait son estime ou sa haine? l'une serait un outrage, l'autre est un danger; c'est son oubli qu'il faut.

Je n'indiquerai que les personnes qui ont droit à ma reconnaissance, et je passerai sous silence le nom du méchant. Sévère envers moi-même, je sais me condamner alors que j'ai tort; mais je ne réclame pas une pitié humiliante.

Né, en 1784, d'un père et d'une mère tourmentés du besoin de *politiquer*, je les vis bientôt victimes de leur erreur; et une destinée douloureuse m'enleva, en un court espace de temps, le reste de mes proches parens.

Je restai orphelin avec trois sœurs. J'avais, bien jeune, éprouvé le sort le plus rigoureux, et je pensai qu'il était bien difficile d'espérer une noble indépendance, si je ne continuais pas la culture des premières leçons qui me furent données par un prêtre vertueux, dont l'éloquence et le savoir avaient guidé mon cœur vers le bien. Je fis donc les plus grands efforts pour suivre les cours de latinité, et surtout ceux de belles-lettres. Le travail acquittait mes études; et, dévoré du besoin de connaître, je nourrissais l'orgueil de produire quelque jour. Tout à la fois gai et mélancolique, craintif et trop sensible, j'ose le dire, je fis tout pour anéantir en moi les vices de l'homme, et me rapprocher de la vertu. Les foudres de Bossuet avaient tonné sur moi. L'homme, dit-il, étant devenu pécheur en se cherchant, est devenu malheureux en se trouvant... C'est de l'amour de soi-même que naissent ces rages, ces désespoirs, ce ver dévorant qui ronge la conscience, et enfin ces pleurs éternels dans des flammes qui ne s'éteignent jamais : elles sortent du fond de notre crime. *Je tirerai,* dit le saint prophète, *un feu du milieu de toi pour te dévorer :* *PRODUCAM IGNEM DE MEDIO TUI, QUI COMEDAT*

TE. Cependant il faut se connaître, et l'homme de bien, l'homme vertueux, que *l'infâme* cherche à *diffamer* dans la société, doit répondre par l'histoire de sa vie, se roidir contre le malheur, et espérer dans la justice divine.

Je partis aux armées comme simple volontaire. J'ai mérité l'estime de mes camarades et un avancement qui ne fut pas envié. Après quatre campagnes, je fus réformé. Mon intention était d'entrer à l'école polytechnique, et le seul motif qui me priva de cet avantage fut mon âge trop avancé. Sous la protection d'un homme que je saurai toujours révérer, je fus admis dans l'administration des droits réunis (1806). Après quelques mutabilités, je fus appelé à l'administration centrale à Paris, et par suite d'un travail sur la culture, fabrication et vente du tabac. Après huit années d'exercice, je sollicitai et obtins pour mes sœurs un bureau de tabac. C'est alors que je fus dénoncé *sourdement* comme ayant favorisé la nomination d'un homme qui, par reconnaissance, m'aurait *prêté* le cautionnement exigé. Cet homme aimait les Bourbons : il était d'un esprit bourrelé par le malheur ; il cria *vive le Roi!* Il fut dénoncé comme conspirateur, tyrannisé, et, en se brûlant la cervelle, il cria *vive le Roi!* J'étais soupçonné de correspondance avec ce malheureux ; on eut recours à un prétexte spécieux ; et, comme alors on ne savait guère mieux qu'aujourd'hui ce qu'étaient l'inviolabilité du domicile et la liberté individuelle , on se saisit de ma personne et de mes papiers. L'instruction de l'affaire prouva mon innocence ; je fus réintégré , et obtins même de l'avancement.

Cependant le maréchal N.... m'ayant attaché à son secrétariat, je l'accompagnai jusqu'à Liénitz (1813). De retour en France, je m'occupais de littérature. J'avais à mon passage à Dresden présenté à M. le comte D..., digne historien de la république de Venise, une traduction de quelques odes d'Horace ; j'en fis lecture à l'Athenée royal de Paris , et j'eus l'honneur d'être reçu membre de cette académie. Je fis successivement plusieurs lectures (1) ; mais les événemens politiques, qui se succédaient avec rapidité , m'éloignèrent encore une fois du port. Je suivis, en qualité de secrétaire particulier, le général C..., nommé au commandement de la place d'A... Je gagnai sa confiance, je

---

(1) Cantate sur la mort de Grétry ; Valentinien II , tragédie ; Vers sur la mort d'un curé de campagne ; Poëme sur la Pologne ; Poëme sur le 21 janvier ; Homère , opéra ; Cantate chantée au banquet royal sur le mariage du duc de Berry ; Imitation des Tombeaux d'Hervey , etc. (Voy. Biographie des hommes vivans.)

méritai son amitié. Je travaillai au journal du dé-
partement ; et dans mes articles, comme dans mes
autres ouvrages sur la politique et l'administration
publique, on y rencontrera toujours l'amour de la
paix et celui de la patrie. Le général gouverneur
quitta la place, le 3 mai 1814, à la tête de la gar-
nison ; et, quelques jours après, je partis pour Paris. J'entrai au ministère de la guerre. L'envie at-
taque toujours ceux qui occupent des postes de
confiance ; cependant elle n'eut alors aucun succès,
et je restai jusqu'au 1er avril (1815). L'époque
du 20 mars préparait à la France d'autres calamités.
M. C..., appelé au ministère de l'intérieur, me fit
nommer par Bonaparte sous-préfet de V... Je me
rendis à mon poste, et je ne crois pas que quelqu'un,
dans cet arrondissement, ait à se plaindre de mon
administration. Je fis tout le *bien* qui pouvait se
faire dans un moment aussi désastreux, et surtout
j'empêchai le *mal*. Mais, moi, je dois me reprocher
d'avoir écouté une impulsion que les événemens
ont condamnée ; d'avoir, envers moi-même, man-
qué de prudence et de cette politique inerte ou
captieuse dont tant d'autres se sont si bien trouvé.
J'ai donc à me reprocher d'avoir publié, sous mon
nom, deux affiches où, d'un style coupable, on in-
sultait à *ceux qui savent pardonner* (1); cependant

---

(1) J'ai ennobli un repentir sincère par une mention

j'ai su mériter l'oubli de ma faute et travailler dans l'intérêt de tout souverain qui veut le bien-être de ses sujets.

Remplacé par mon prédécesseur, je revins dans la capitale. J'entrai à la commission d'examen ; et bientôt après je fus appelé à la sous-préfecture de T... Enfin, porté pour être élu maître des requêtes, je perdis tous ces avantages par suite de basses manœuvres et des principes *machiavéliques* qui régnaient alors.

Après vingt et un ans de services actifs, tout à coup proscrit au sein de mon pays, et sans fortune, il était tout naturel que je cherchasse les moyens d'utiliser des talens honorables. En vain, mes demandes et réclamations se succédaient au ministère ; c'était toujours par le *silence* que l'on répondait. Ma position devint difficile ; l'espérance soutint ma vie.

Je dus au hasard de renouveler connaissance avec l'homme du monde de la plus active industrie et du caractère le plus bilieux. Il voulut m'associer à ses vastes projets. J'avais quelque chose ; je fus bientôt dépouillé, et conséquemment calomnié. Je me retirai avec l'intention d'élever un journal :

---

honorable et publique, imposée par ma seule volonté et le besoin de mon cœur. (Voyez le poëme sur le 21 janvier.)

un jeune homme, dont la fatale destinée était contagieuse, m'entraîna dans sa chute, et je fus de nouveau isolé au milieu du monde.

A cette époque, M. T..., négociant estimable, mais que les événemens politiques ruinaient, cherchait tous les moyens possibles pour soutenir ses paiemens. Il me proposa de lui faire escompter plusieurs lettres de change tirées par son père sur lui, et endossées par M.... J'eus là condescendance de me charger d'une aussi dangereuse mission. Je remis à un sieur A..., agent d'affaires, pour 7,000 fr. de ces traites. Il exigea ma signature, et les passa ensuite : l'une, de 4,000 fr., à un M. D....; l'autre, de 3,000 fr., à un M. M.... Malgré mes instances et de vives inquiétudes, le sieur A... conserva long-temps cesdites lettres de change. Également sollicité par M. T... et par M...., endosseur, il convint d'en compter la valeur sous quelques jours ; mais le sieur A..., atteint tout à coup d'une maladie grave, mourut, et l'on acquit bientôt la triste certitude qu'il en avait abusé par un luxe apparent. Ses bijoux, déposés dans une maison de jeu (au Palais-Royal, n° 54), attestaient en lui la plus funeste, la plus déplorable des passions. On dut croire, quoique ses livres ne le prouvassent pas, qu'il avait reçu le montant de ces acceptations, et en avait disposé.

M. T.... déposa son bilan, en y faisant toutefois figurer ces 7,000 fr. Cependant, malgré la conviction intime de ma loyauté dans cette affaire, il fit rendre plainte contre moi, en police correctionnelle, pour que j'eusse à restituer des traites qui m'auraient été confiées pour en procurer l'escompte. Comme on agissait, dans cette circonstance, *sans doute contre son cœur*, je payai les frais, et cette délation se termina. On avait abusé de ma confiance, de ma religion, et l'on cherchait à me perdre dans l'opinion publique en sollicitant un de ces jugemens rendus sur les *apparences* dans de pareilles causes, où l'on distingue difficilement l'innocent du coupable. Fatigué de tant de malheurs, et toujours victime de *ces honnêtes gens si adroits*, je jurai, *mais un peu tard*, de ne plus suivre en aveugle le sentiment de l'obligeance.

Je fis connaissance avec une personne qui cherchait à élever un plan d'assurances. Je pris examen de l'essai des statuts, et je lui offris mes services pour organiser son système de mutualité universelle. Je travaillai en qualité de secrétaire général sous les ordres de M. le baron de S..., directeur. Mes travaux furent considérables ; en quelques mois l'administration était à même de marcher dans toute la France, quand le conseil d'Etat décida que la mutualité ne pouvait pas s'étendre à tout le royaume en faveur et sous les risques d'une même direction. (Voyez la circulaire ministérielle du 25 octobre 1819, Moniteur du 30 octobre 1819, n° 303.)

Poursuivi par quelques créanciers, surtout par un *riche impitoyable*, et par un des tiers-porteurs des 7,000 fr. de lettres de change de M. T..., je ne dus ma liberté qu'à l'intervention du *père* sollicitée par le *fils*, à l'obligeance de quelques amis, et enfin en souscrivant *forcément* pour plus de 1,500 fr. d'acceptations *en blanc* pour frais *extrêmes* et intérêts *exorbitans* de fonds que je n'avais jamais vus. Tant de tyrannie au nom de la loi, et d'impudence de la part de ces hommes de fer, me firent écrire avec véhémence, en faveur des prisonniers pour dettes, un Mémoire destiné aux Chambres, session 1819 (1). Quant à M. T..., j'ose espérer qu'il m'évitera d'autres désagrémens. Je sais que le malheur exaspère les hommes; mais, plus calmes et plus réfléchis, ils rentrent dans la voie sacrée; et le véritable honneur, la concorde, l'indulgence, la reconnaissance, un coup d'œil sévère sur eux-mêmes, leur découvrent les moyens de se rendre mutuellement heureux.

----

(1) Ce Mémoire est imprimé, et j'en continuerai la cause.

Au sein des peines les plus amères, et harcelé par des tribulations sans nombre, j'eus encore à souffrir de la plus vile intrigue. Des hommes qui n'ont pour *talent* que *l'envie* (1), faisaient courir sur mon compte, dans l'administration dont j'étais secrétaire général, les plus coupables calomnies. Les bureaux des ministères et ceux de la pré-

---

(1) « L'envie et la jalousie forment le caractère des ames basses et sans mérite. Quand de telles gens ont l'ambition des grands commandemens, comme ils ne peuvent rien produire d'eux-mêmes qui soit digne d'estime, et qui puisse leur concilier les suffrages des hommes, ils ne cessent de comploter contre ceux qui ont véritablement du mérite. Quand ces passions viles et méprisables se joignent au pouvoir, elles dégénèrent en cruauté ouverte. Quand la force manque à la méchanceté, alors la ruse, l'intrigue, la calomnie sont les moyens que l'on emploie pour miner en secret et détruire sourdement celui que l'on hait, par la seule raison qu'il est digne d'estime et d'affection, ou parce que l'on ambitionne sa place, ou que l'on suppose qu'il contrarie nos desseins. »

J'ai laissé parler ici le général Lloyd (Henri). Mais combien d'auteurs philosophes ont attaqué et dépeint cette hydre renaissante ? La calomnie, l'envie, l'astuce, la délation, l'hypocrisie, l'imposture et le mensonge sont les sept têtes du monstre ; et, depuis les premiers âges jusqu'à nous, que de victimes dévorées. Mais quel sièle fut jamais plus fécond en ravages de la part de l'enfer !

fecture de police avaient *obligeamment* ouvert, disaient-ils, à leurs pareils, avides de scandale, le *carton* des délations ; et là , puisant un aliment farouche, ces êtres si purs, si savans, si privilégiés (1), riches des butins de l'enfer, venaient, le fiel et l'envie dans le cœur, puis *l'honneur à eux* dans la bouche, noircir et attaquer l'homme paisible. Tout à la fois *délateurs* et *solliciteurs*, forts de la faiblesse et de la crédulité du chef, ils parvinrent à ébranler le caractère d'un vieillard vénérable, et à me forcer à l'exil. J'abandonnai donc (par démission motivée), et quelque temps avant la décision du conseil d'État, une administration dans laquelle j'avais tout à craindre, et où je voyais depuis plus de *trois mois* paralyser le bien que je pouvais faire. Loin de quitter cette société au moment de l'avis défavorable du conseil d'État, si l'injustice des hommes ne m'avait pas proscrit, marchant d'après les erremens même et du conseil et du ministère, respectant le sort précaire de tant de collaborateurs estimables, rappelant le courage au moment de la détresse, j'eusse proposé de se constituer sur-le-champ en *société à primes*, de créér un fond social de 4,000,000 fr. , et de porter

---

(1) Incapables de produire le bien, mais faits pour tout détruire.
Hor.

ainsi sa demande au sein du conseil , qui l'aurait sanctionnée. Les plus respectables fondateurs, dont la plupart furent naguères sollicités par moi, auraient bien certainement aidé de leur crédit une institution si éminemment honorable. Mais il faut à la tête de pareilles enpreprises des *chefs* forts dans la connaissance des *hommes ;* jugeant avec sévérité, honorant le mérite, proscrivant *l'indigne,* foulant aux pieds les serpens de l'envie, la calomnie et ses fureurs ; élevant avec prudence le monument de leur fortune, l'éclairant par la sincérité de leurs actions et le flambeau de la vérité.

J'ai donc dû porter ailleurs mes services et mes faibles talens ; mais je me plais à déclarer ici que *j'oublie* entièrement ceux qui m'ont fait du mal. La vengeance n'entre pas dans mon caractère. Si l'on est coupable, les lois doivent parler ; l'honneur n'est pas dans la *provocation*, et ce n'est ni par elle ni par ses résultats que l'on se justifie. J'ai dû répondre par cette exacte Notice, et m'estimer assez pour ne pas m'avilir par des accusations.

(15)

OBSERVATION.

La Notice que l'on vient de lire n'est pas un mémoire, ni même une justification, n'étant point accusé. J'ai dû passer rapidement sur les circonstances nécessaires au but de cette Notice, et taire les autres événemens de ma vie. Je devais donc me borner ici à déclarer formellement que pas un des *faits* allégués contre moi, et quels que soient les *documens* et *réceptacles*, n'était vrai.

Cette déclaration est, certes, inutile de ma part, vis-à-vis des personnes honorables que je connais ; mais elle est faite pour celles qui saisissent avec trop d'empressement le mal, et s'en rendent *innocemment* les échos.

Je n'ignore pas ce qui peut exister dans la boîte de Pandore ; mais j'ai trop la connaissance du véritable honneur, je sens trop en moi l'austérité de la saine morale, pour me compromettre par une action blâmable, ou même qui blesserait la délicatesse. Je puis être persecuté, malheureux ; jamais je ne puis cesser d'être honnête citoyen.

De l'Imprimerie de J. GRATIOT, rue Saint-Jacques, n° 41.

www.ingramcontent.com/pod-product-compliance
Lightning Source LLC
Chambersburg PA
CBHW050748070726

47597CB00009B/4116